NOUVELLE MÉTHODE

POUR APPRENDRE

A LIRE ET A ÉCRIRE

EN DEUX MOIS.

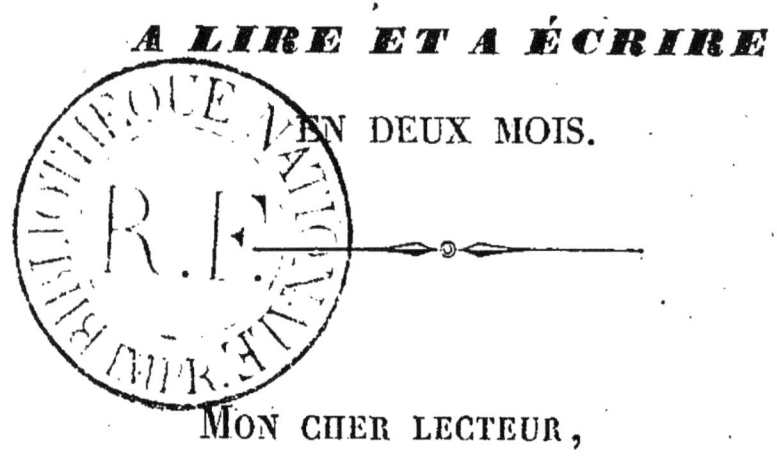

MON CHER LECTEUR,

Voici l'abrégé de la nouvelle Méthode que je vous avais fait espérer : le désir que j'ai du soulagement de la jeunesse, et de l'entière satisfaction de ceux qui prennent la peine de l'instruire, ne m'a pas permis de différer davantage pour la livrer au public.

La connaissance prompte de l'*Alphabet* est indispensable, et dans cette première partie on doit y faire entrer la réunion de plusieurs consonnes qui doivent être prononcées tout d'un coup, c'est-à-dire sans épellation ; par exemple : *ch, gn, ph,* qui doivent être prononcées *che, gne, phe,* ne forment une syllabe qu'autant qu'elles sont jointes à une voyelle.

C'est donc sur ce premier point de départ que l'on doit insister davantage puisque les mêmes éléments doivent recevoir une dénomination particulière, et que ces lettres ainsi réunies trompent toujours la vue et la mémoire de l'enfant.

Il faut avoir soin de faire prononcer les lettres : *be, que, de,* et non suivant l'ancienne méthode.

Lorsque ce premier tableau sera

su, d'après les explications qui viennent d'être faites, on passera à la combinaison de caractères qui représentent les voyelles composées ; tout le reste de l'ALPHABET se compose des quatre conjugaisons pour servir d'exercice sur les tableaux précédents ; de plus, de l'Oraison Domicale et de l'Ave Maria.

L'auteur a dû préférer, à des phrases variées, les quatre conjugaisons comme étant une aide mémoire aux enfants ; un second avantage, non moins puissant que le premier, est de délier la langue de l'enfant tout-à-fait illettré.

De sorte que ce livre quoique fort petit comprend néanmoins beaucoup de choses, et les enferme dans des règles très faciles à retenir.

J'espère que ceux qui prendront

la peine de s'en servir verront en peu de temps, par un avancement notable, l'avantage qu'il y a de s'en servir.

Je puis assurer, après plusieurs expériences, qu'il n'y a guère d'enfants qui ne sortent de ce petit livre élémentaire, en un mois ou deux, pour commencer à lire couramment.

Tout exemplaire non revêtu de ma signature sera réputé contrefait :

ALPHABET.

a b

---

b bl br

---

c ch cl cr ca co cu

---

d dr e

---

f fl fr

---

g ga go gu gn gl gr

---

h i j k

l m n o

p ph phl phr pl pr

q r s t u

v vr x y z

SIGNES REPRÉSENTANT DES SONS ÉLÉMENTAIRES.

Signes.	Valeur.	Signes.	Valeur.
ai	é	eon	on
eai	é	aug	augue
em	an	aï	i
ill	lie	aü	u
imm	i	etc.	etc.

EXERCICES SUR LES SONS ÉLÉMENTAIRES.

Présent.
Je brave.
Tu braves.
Il brave.
Nous bravons.
Vous bravez.
Ils bravent.

Imparfait.
Je bravais.
Tu bravais.
Il bravait.
Nous bravions.
Vous braviez.
Ils bravaient.

Prétérit défini.
Je bravai.
Tu bravas.
Il brava.
Nous bravâmes.
Vous bravâtes.
Ils bravèrent.

Prétérit indéfini.
J'ai bravé.
Tu as bravé.
Il a bravé.
Nous avons bravé.
Vous avez bravé.
Ils ont bravé.

Présent.
Je clos.
Tu clos.
Il clôt.
—
—
—

Prétérit indéfini.
J'ai clos.
Tu as clos.
Il a clos.
Nous avons clos.
Nous avez clos.
Ils ont clos.

Plus-que-parfait.
J'avais clos.
Tu avais clos.
Il avait clos.
Nous avions clos.
Vous aviez clos.
Ils avaient clos.

Futur.
Je clorai.
Tu cloras.
Il clora.
Nous clorons.
Vous clorez.
Ils cloront.

Présent.	*Prétérit défini.*
Je blesse.	Je blessai.
Tu blesses.	Tu blessas.
Il blesse.	Il blessa.
Nous blessons.	Nous blessâmes.
Vous blessez.	Vous blessâtes.
Ils blessent.	Ils blessèrent.

Imparfait.	*Prétérit indéfini.*
Je blessais.	J'ai blessé.
Tu blessais.	Tu as blessé.
Il blessait.	Il a blessé.
Nous blessions.	Nous avons blessé.
Vous blessiez.	Vous avez blessé.
Ils blessaient.	Ils ont blessé.

EXERCICES SUR LES SONS ÉLÉMENTAIRES.

Présent.	*Prétérit défini.*
Je chicane.	Je chicanai.
Tu chicanes.	Tu chicanas.
Il chicane.	Il chicana.
Nous chicanons.	Nous chicanâmes.
Vous chicanez.	Vous chicanâtes.
Ils chicanent.	Ils chicanèrent.

Imparfait.	*Prétérit indéfini.*
Je chicanais.	J'ai chicané.
Tu chicanais.	Tu as chicané.
Il chicanait.	Il a chicané.
Nous chicanions.	Nous avons chicané.
Vous chicaniez.	Vous avez chicané.
Ils chicanaient.	Ils ont chicané.

Présent.   *Présent.*
Je catéchise.   Je coaccuse.
Tu catéchises.   Tu coaccuses.
Il catéchise.   Il coaccuse.
Nous catéchisons.   Nous coaccusons.
Vous catéchisez.   Vous coaccusez.
Ils catéchisent.   Ils coaccusent.

Imparfait.   *Imparfait.*
Je catéchisais.   Je coaccusais.
Tu catéchisais.   Tu coaccusais.
Il catéchisait.   Il coaccusait.
Nous catéchisions. Nous coaccusions.
Vous catéchisiez.   Vous coaccusiez.
Ils catéchisaient   Ils coaccusaient.

Prétérit défini. *Prétérit défini.*
Je catéchisai.   Je coaccusai.
Tu catéchisas.   Tu coaccusas.
Il catéchisa.   Il coaccusa.
Nous catéchisâmes. Nous coaccusâmes.
Vous catéchisâtes. Vous coaccusâtes.
Ils catéchisèrent. Ils coaccusèrent.

Prétérit indéfini. *Prétérit indéfini.*
J'ai catéchisé.   J'ai coaccusé.
Tu as catéchisé.   Tu as coaccusé.
Il a catéchisé.   Il a coaccusé.
Nous avons catéchisé. Nous avons coaccusé.
Vous avez catéchisé. Vous avez coaccusé.
Ils ont catéchisé. Ils ont coaccusé.

EXERCICES SUR LES SONS ÉLÉMENTAIRES.

Présent. *Présent.*
Je drége. Je flatte.
Tu dréges. Tu flattes.
Il drége. Il flatte.
Nous drégeons. Nous flattons.
Vous drégez. Vous flattez.
Ils drégent. Ils flattent.

Imparfait. *Imparfait.*
Je drégeais. Je flattais.
Tu drégeais. Tu flattais.
Il drégeait. Il flattait.
Nous drégions. Nous flattions.
Vous drégiez. Vous flattiez.
Ils drégeaient. Ils flattaient.

Prétérit défini. *Prétérit défini.*
Je drégeai. Je flattai.
Tu drégeas. Tu flattas.
Il drégea. Il flatta.
Nous drégeâmes. Nous flattâmes.
Vous drégeâtes. Vous flattâtes.
Ils drégèrent. Ils flattèrent.

Prétérit indéfini. *Prétérit indéfini.*
J'ai drégé. J'ai flatté.
Tu as drégé. Tu as flatté.
Il a drégé. Il a flatté.
Nous avons drégé. Nous avons flatté.
Vous avez drégé. Vous avez flatté.
Ils ont drégé. Ils ont flatté.

Présent.	Prétérit défini.
Je frappe.	Je frappai.
Tu frappes.	Tu frappas.
Il frappe.	Il frappa.
Nous frappons.	Nous frappâmes.
Vous frappez.	Vous frappâtes.
Ils frappent.	Ils frappèrent.

Imparfait.	Prétérit indéfini.
Je frappais.	J'ai frappé.
Tu frappais.	Tu as frappé.
Il frappait.	Il a frappé.
Nous frappions.	Nous avons frappé.
Vous frappiez.	Vous avez frappé.
Ils frappaient.	Ils ont frappé.

EXERCICES SUR LES SONS ÉLÉMENTAIRES.

Présent.	Prétérit défini.
Je débrouille.	Je débrouillai.
Tu débrouilles.	Tu débrouillas.
Il débrouille.	Il débrouilla.
Nous débrouillons.	Nous débrouillâmes.
Vous débrouillez.	Vous débrouillâtes.
Ils débrouillent.	Ils débrouillèrent.

Imparfait.	Prétérit indéfini.
Je débrouillais.	J'ai débrouillé.
Tu débrouillais.	Tu as débrouillé.
Il débrouillait.	Il a débrouillé.
Nous débrouillions.	Nous avons débrouillé.
Vous débrouilliez.	Vous avez débrouillé.
Ils débrouillaient.	Ils ont débrouillé.

Présent.

Je gargotte.
Tu gargottes.
Il gargotte.
Nous gargotons.
Vous gargotez.
Ils gargottent.

Imparfait.

Je gargotais.
Tu gargotais.
Il gargotait.
Nous gargotions.
Vous gargotiez.
Ils gargotaient.

Prétérit défini.

Je gargotai.
Tu gargotas.
Il gargota.
Nous gargotâmes.
Vous gargotâtes.
Ils gargotèrent.

Prétérit indéfini.

J'ai gargoté.
Tu as gargoté.
Il a gargoté.
Nous avons gargoté.
Vous avez gargoté.
Ils ont gargoté.

Présent.

Je soigne.
Tu soignes.
Il soigne.
Nous soignons.
Vous soignez.
Ils soignent.

Imparfait.

Je soignais.
Tu soignais.
Il soignait.
Nous soignions.
Vous soigniez.
Ils soignaient.

Prétérit défini.

Je soignai.
Tu soignas.
Il soigna.
Nous soignâmes.
Vous soignâtes.
Ils soignèrent.

Prétérit indéfini.

J'ai soigné.
Tu as soigné.
Il a soigné.
Nous avons soigné.
Vous avez soigné.
Ils ont soigné.

EXERCICES SUR LES SONS ÉLÉMENTAIRES.

Présent.
Je glisse.
Tu glisses.
Il glisse.
Nous glissons.
Vous glissez.
Ils glissent.

Imparfait.
Je glissais.
Tu glissais.
Il glissait.
Nous glissions.
Vous glissiez.
Ils glissaient.

Prétérit défini.
Je glissai.
Tu glissas.
Il glissa.
Nous glissâmes.
Vous glissâtes.
Ils glissèrent.

Prétérit indéfini.
J'ai glissé.
Tu as glissé.
Il a glissé.
Nous avons glissé.
Vous avez glissé.
Ils ont glissé.

Présent.
Je grave.
Tu graves.
Il grave.
Nous gravons.
Vous gravez.
Ils gravent.

Imparfait.
Je gravais.
Tu gravais.
Il gravait.
Nous gravions.
Vous graviez.
Ils gravaient.

Prétérit défini.
Je gravai.
Tu gravas.
Il grava.
Nous gravâmes.
Vous gravâtes.
Ils gravèrent.

Prétérit indéfini.
J'ai gravé.
Tu as gravé.
Il a gravé.
Nous avons gravé.
Vous avez gravé.
Ils ont gravé.

Présent.

Je philosophe.
Tu philosophes.
Il philosophe.
Nous philosophons.
Vous philosophez.
Ils philosophent.

Prétérit défini.

Je philosophai.
Tu philosophas.
Il philosopha.
Nous philosophâmes.
Vous philosophâtes.
Ils philosophèrent.

Imparfait.

Je philosophais.
Tu philosophais.
Il philosophait.
Nous philosophions.
Vous philosophiez.
Ils philosophaient.

Prétérit indéfini.

J'ai philosophé.
Tu as philosophé.
Il a philosophé.
Nous avons philosophé.
Vous avez philosophé.
Ils ont philosophé.

EXERCICES SUR LES SONS ÉLÉMENTAIRES.

Présent.

Je phlébotamise.
Tu phlébotamises.
Il phlébotamise.
Nous phlébotamisons.
Vous phlébotamisez.
Ils phlébotamisent.

Prétérit défini.

Je phlébotamisai.
Tu phlébotamisas.
Il phlébotamisa.
Nous phlébotamisâmes.
Vous phlébotamisâtes.
Ils phlébotamisèrent.

Imparfait.

Je phlébotamisais.
Tu phlébotamisais.
Il phlébotamisait.
Nous phlébotamisions.
Vous phlébotamisiez.
Ils phlébotamisaient.

Prétérit indéfini.

J'ai phlébotamisé.
Tu as phlébotamisé.
Il a phlébotamisé.
Nous avons phlébotamisé
Vous avez phlébotamisé.
Ils ont phlébotamisé.

Présent.	*Présent.*
Je phrase.	Je plante.
Tu phrases.	Tu plantes.
Il phrase.	Il plante.
Nous phrasons.	Nous plantons.
Vous phrasez.	Vous plantez.
Ils phrasent.	Ils plantent.
Imparfait.	*Imparfait.*
Je phrasais.	Je plantais.
Tu phrasais.	Tu plantais.
Il phrasait.	Il plantait.
Nous phrasions.	Nous plantions.
Vous phrasiez.	Vous plantiez.
Ils phrasaient.	Ils plantaient.
Prétérit défini.	*Prétérit défini.*
Je phrasai.	Je plantai.
Tu phrasas.	Tu plantas.
Il phrasa.	Il planta.
Nous phrasâmes.	Nous plantâmes.
Vous phrasâtes.	Vous plantâtes.
Ils phrasèrent.	Ils plantèrent.
Prétérit indéfini.	*Prétérit indéfini.*
J'ai phrasé.	J'ai planté.
Tu as phrasé.	Tu as planté.
Il a phrasé.	Il a planté.
Nous avons phrasé.	Nous avons planté.
Vous avez phrasé.	Vous avez planté.
Ils ont phrasé.	Ils ont planté.

EXERCICES SUR LES SONS ÉLÉMENTAIRES.

Présent.
Je précède.
Tu précèdes.
Il précède.
Nous précédons.
Vous précédez.
Ils précèdent.

Imparfait.
Je précédais.
Tu précédais.
Il précédait.
Nous précédions.
Vous précédiez.
Ils précédaient.

Prétérit défini.
Je précédai.
Tu précédas.
Il précéda.
Nous précédâmes.
Vous précédâtes.
Ils précédèrent.

Prétérit indéfini.
J'ai précédé.
Tu as précédé.
Il a précédé.
Nous avons précédé.
Vous avez précédé.
Ils ont précédé.

Présent.
Je thésaurise.
Tu thésaurises.
Il thésaurise.
Nous thésaurisons.
Vous thésaurisez.
Ils thésaurisent.

Imparfait.
Je thésaurisais.
Tu thésaurisais.
Il thésaurisait.
Nous thésaurisions.
Vous thésaurisiez.
Ils thésaurisaient.

Prétérit défini.
Je thésaurisai.
Tu thésaurisas.
Il thésaurisa.
Nous thésaurisâmes.
Vous thésaurisâtes.
Ils thésaurisèrent.

Prétérit indéfini.
J'ai thésaurisé.
Tu as thésaurisé.
Il a thésaurisé.
Nous avons thésaurisé.
Vous avez thésaurisé.
Ils ont thésaurisé.

Présent.	*Prétérit défini.*
Je trace.	Je traçai.
Tu traces.	Tu traças.
Il trace.	Il traça.
Nous traçons.	Nous traçâmes.
Vous tracez.	Vous traçâtes.
Ils tracent.	Ils tracèrent.

Imparfait.	*Prétérit indéfini.*
Je traçais.	J'ai tracé.
Tu traçais.	Tu as tracé.
Il traçait.	Il a tracé.
Nous tracions.	Nous avons tracé.
Vous traciez.	Vous avez tracé.
Ils traçaient.	Ils ont tracé.

EXERCICES SUR LES SONS ÉLÉMENTAIRES.

Présent.	*Prétérit défini.*
Je vrille.	Je vrillai.
Tu vrilles.	Tu vrillas.
Il vrille.	Il vrilla.
Nous vrillons.	Nous vrillâmes.
Vous vrillez.	Vous vrillâtes.
Ils vrillent.	Ils vrillèrent.

Imparfait.	*Prétérit indéfini.*
Je vrillais.	J'ai vrillé.
Tu vrillais.	Tu as vrillé.
Il vrillait.	Il a vrillé.
Nous vrillions.	Nous avons vrillé.
Vous vrilliez.	Vous avez vrillé.
Ils vrillaient.	Ils ont vrillé.

Présent.   *Présent.*

J'aime.   Je mange.
Tu aimes.   Tu manges.
Il aime.   Il mange.
Nous aimons.   Nous mangeons.
Vous aimez.   Vous mangez.
Ils aiment.   Ils mangent.

Imparfait.   *Imparfait.*

J'aimais.   Je mangeais.
Tu aimais.   Tu mangeais.
Il aimait.   Il mangeait.
Nous aimions.   Nous mangions.
Vous aimiez.   Vous mangiez.
Ils aimaient.   Ils mangeaient.

Prétérit défini.   *Prétérit défini.*

J'aimai.   Je mangeai.
Tu aimas.   Tu mangeas.
Il aima.   Il mangea.
Nous aimâmes.   Nous mangeâmes.
Vous aimâtes.   Vous mangeâtes.
Ils aimèrent.   Ils mangèrent.

Prétérit indéfini.   *Prétérit indéfini.*

J'ai aimé.   J'ai mangé.
Tu as aimé.   Tu as mangé.
Il a aimé.   Il a mangé.
Nous avons aimé.   Nous avons mangé.
Vous avez aimé.   Vous avez mangé.
Ils ont aimé.   Ils ont mangé.

EXERCICES SUR LES SONS ÉLÉMENTAIRES.

Présent.	*Présent.*
Je bois.	J'imbibe.
Tu bois.	Tu imbibes.
Il boit.	Il imbibe.
Nous buvons.	Nous imbibons.
Vous buvez.	Vous imbibez.
Ils boivent.	Ils imbibent.

Imparfait.	*Imparfait.*
Je buvais.	J'imbibais.
Tu buvais.	Tu imbibais.
Il buvait.	Il imbibait.
Nous buvions.	Nous imbibions.
Vous buviez.	Vous imbibiez.
Ils buvaient.	Ils imbibaient.

Prétérit défini.	*Prétérit défini.*
Je bus.	J'imbibai.
Tu bus.	Tu imbibas.
Il but.	Il imbiba.
Nous bûmes.	Nous imbibâmes.
Vous bûtes.	Vous imbibâtes.
Ils burent.	Ils imbibèrent.

Prétérit indéfini.	*Prétérit indéfini.*
J'ai bu.	J'ai imbibé.
Tu as bu.	Tu as imbibé.
Il a bu.	Il a imbibé.
Nous avons bu.	Nous avons imbibé.
Vous avez bu.	Vous avez imbibé.
Ils ont bu.	Ils ont imbibé.

Présent.

J'ombrage.
Tu ombrages.
Il ombrage.
Nous ombrageons.
Vous ombragez.
Ils ombragent.

Imparfait.

J'ombrageais.
Tu ombrageais.
Il ombrageait.
Nous ombragions.
Vous ombragiez.
Ils ombrageaient.

Prétérit défini.

J'ombrageai.
Tu ombrageas.
Il ombragea.
Nous ombrageâmes.
Vous ombrageâtes.
Ils ombragèrent.

Prétérit indéfini.

J'ai ombragé.
Tu as ombragé.
Il a ombragé.
Nous avons ombragé.
Vous avez ombragé.
Ils ont ombragé.

EXERCICES SUR LES CONJUGAISONS

en *er*.

INDICATIF.

Présent.

Je chante.
Tu chantes.
Il chante.
Nous chantons.
Vous chantez.
Ils chantent.

Imparfait.

Je chantais.
Tu chantais.

en *ir*.

INDICATIF.

Présent.

Je punis.
Tu punis.
Il punit.
Nous punissons.
Vous punissez.
Ils punissent.

Imparfait.

Je punissais.
Tu punissais.

Il chantait.
Nous chantions.
Vous chantiez.
Ils chantaient.

Prétérit défini.
Je chantai.
Tu chantas.
Il chanta.
Nous chantâmes.
Vous chantâtes.
Ils chantèrent.

Prétérit indéfini.
J'ai chanté.
Tu as chanté.
Il a chanté.
Nous avons chanté.
Vous avez chanté.
Ils ont chanté.

Prétérit antérieur.
J'eus chanté.
Tu eus chanté.
Il eut chanté.
Nous eûmes chanté.
Vous eûtes chanté.
Ils eurent chanté.

Plus-que-parfait.
J'avais chanté.
Tu avais chanté.
Il avait chanté.
Nous avions chanté.

Il punissait.
Nous punissions.
Vous punissiez.
Ils punissaient.

Prétérit défini.
Je punis.
Tu punis.
Il punit.
Nous punîmes.
Vous punîtes.
Ils punirent.

Prétérit indéfini.
J'ai puni.
Tu as puni.
Il a puni.
Nous avons puni.
Vous avez puni.
Ils ont puni.

Prétérit antérieur.
J'eus puni.
Tu eus puni.
Il eut puni.
Nous eûmes puni.
Vous eûtes puni.
Ils eurent puni.

Plus-que-parfait.
J'avais puni.
Tu avais puni.
Il avait puni.
Nous avions puni.

Vous aviez chanté. Vous aviez puni.
Ils avaient chanté. Ils avaient puni.

Futur. *Futur.*

Je chanterai. Je punirai.
Tu chanteras. Tu puniras.
Il chantera. Il punira.
Nous chanterons. Nous punirons.
Vous chanterez. Vous punirez.
Ils chanteront. Ils puniront.

Futur passé. *Futur passé.*

J'aurai chanté. J'aurai puni.
Tu auras chanté. Tu auras puni.
Il aura chanté. Il aura puni.
Nous aurons chanté. Nous aurons puni.
Vous aurez chanté. Vous aurez puni.
Ils auront chanté. Ils auront puni.

CONDITIONNELS. CONDITIONNELS.

Présent. *Présent.*

Je chanterais. Je punirais.
Tu chanterais. Tu punirais.
Il chanterait. Il punirait.
Nous chanterions. Nous punirions.
Vous chanteriez. Vous puniriez.
Ils chanteraient. Ils puniraient.

Passé. *Passé.*

J'aurais chanté. J'aurais puni.
Tu aurais chanté. Tu aurais puni.
Il aurait chanté. Il aurait puni.
Nous aurions chanté. Nous aurions puni.

Vous auriez chanté.
Ils auraient chanté.

On dit aussi : j'eusse chanté, tu eusses chanté, il eût chanté, nous eussions chanté, vous eussiez chanté, ils eussent chanté.

Vous auriez puni.
Ils auraient puni.

On dit aussi : j'eusse puni, tu eusses puni, il eût puni, nous eussions puni, vous eussiez puni, ils eussent puni.

IMPÉRATIF.

Point de première personne.

Chante.
Chantons.
Chantez.

IMPÉRATIF.

Point de première personne.

Punis.
Punissons.
Punissez.

SUBJONCTIF.

Présent ou *Futur.*

Que je chante.
Que tu chantes.
Qu'il chante.
Que nous chantions.
Que vous chantiez.
Qu'ils chantent.

SUBJONCTIF.

Présent ou *Futur.*

Que je punisse.
Que tu punisses.
Qu'il punisse.
Que nous punissions.
Que vous punissiez.
Qu'ils punissent.

Imparfait.

Que je chantasse.
Que tu chantasses.
Qu'il chantât.
Que nous chantassions.
Que vous chantassiez.
Qu'ils chantassent.

Imparfait.

Que je punisse.
Que tu punisses.
Qu'il punît.
Que nous punissions.
Que vous punissiez.
Qu'ils punissent.

Prétérit. | *Prétérit.*

Que j'aie chanté.
Que tu aies chanté.
Qu'il ait chanté.
Que nous ayons chanté.
Que vous ayez chanté.
Qu'ils aient chanté.

Que j'aie puni.
Que tu aies puni.
Qu'il ait puni.
Que nous ayons puni.
Que vous ayez puni.
Qu'ils aient puni.

Plus-que-parfait. | *Plus-que-parfait.*

Que j'eusse chanté.
Que tu eusses chanté.
Qu'il eût chanté.
Que nous eussions chanté
Que vous eussiez chanté.
Qu'ils eussent chanté.

Que j'eusse puni.
Que tu eusses puni.
Qu'il eût puni.
Que nous eussions puni.
Que vous eussiez puni.
Qu'ils eussent puni.

INFINITIF. | INFINITIF.

Présent.

Chanter.

Punir.

Prétérit.

Avoir chanté.

Avoir puni.

PARTICIPES. | PARTICIPES.

Présent.

Chantant.

Punissant.

Passé.

Chanté, chantée, ayant chanté.

Puni, punie, ayant puni.

Futur.

Devant chanter.

Devant punir.

EXERCICES SUR LES CONJUGAISONS

<table>
<tr><td>en *oir*.</td><td>en *re*.</td></tr>
<tr><td>INDICATIF.</td><td>INDICATIF.</td></tr>
<tr><td>*Présent.*</td><td>*Présent.*</td></tr>
<tr><td>Je conçois.</td><td>Je vends.</td></tr>
<tr><td>Tu conçois.</td><td>Tu vends.</td></tr>
<tr><td>Il conçoit.</td><td>Il vend.</td></tr>
<tr><td>Nous concevons.</td><td>Nous vendons.</td></tr>
<tr><td>Vous concevez.</td><td>Vous vendez.</td></tr>
<tr><td>Ils conçoivent.</td><td>Ils vendent.</td></tr>
<tr><td>*Imparfait.*</td><td>*Imparfait.*</td></tr>
<tr><td>Je concevais.</td><td>Je vendais.</td></tr>
<tr><td>Tu concevais.</td><td>Tu vendais.</td></tr>
<tr><td>Il concevait.</td><td>Il vendait.</td></tr>
<tr><td>Nous concevions.</td><td>Nous vendions.</td></tr>
<tr><td>Vous conceviez.</td><td>Vous vendiez.</td></tr>
<tr><td>Ils concevaient.</td><td>Ils vendaient.</td></tr>
<tr><td>*Prétérit défini.*</td><td>*Prétérit défini.*</td></tr>
<tr><td>Je conçus.</td><td>Je vendis.</td></tr>
<tr><td>Tu conçus.</td><td>Tu vendis.</td></tr>
<tr><td>Il conçut.</td><td>Il vendit.</td></tr>
<tr><td>Nous conçûmes.</td><td>Nous vendîmes.</td></tr>
<tr><td>Vous conçûtes.</td><td>Vous vendîtes.</td></tr>
<tr><td>Ils conçurent.</td><td>Ils vendirent.</td></tr>
<tr><td>*Prétérit indéfini.*</td><td>*Prétérit indéfini.*</td></tr>
<tr><td>J'ai conçu.</td><td>J'ai vendu.</td></tr>
<tr><td>Tu as conçu.</td><td>Tu as vendu.</td></tr>
<tr><td>Il a conçu.</td><td>Il a vendu.</td></tr>
<tr><td>Nous avons conçu.</td><td>Nous avons vendu.</td></tr>
</table>

Vous avez conçu.   Vous avez vendu.
Ils ont conçu.   Ils ont vendu.

Prétérit antérieur.   *Prétérit antérieur.*

J'eus conçu.   J'eus vendu.
Tu eus conçu.   Tu eus vendu.
Il eut conçu.   Il eut vendu.
Nous eûmes conçu.   Nous eûmes vendu.
Vous eûtes conçu.   Vous eûtes vendu.
Ils eurent conçu.   Ils eurent vendu.

Plus-que-parfait.   *Plus-que-parfait.*

J'avais conçu.   J'avais vendu.
Tu avais conçu.   Tu avais vendu.
Il avait conçu.   Il avait vendu.
Nous avions conçu.   Nous avions vendu.
Vous aviez conçu.   Vous aviez vendu.
Ils avaient conçu.   Ils avaient vendu.

Futur.   *Futur.*

Je concevrai.   Je vendrai.
Tu concevras.   Tu vendras.
Il concevra.   Il vendra.
Nous concevrons.   Nous vendrons.
Vous concevrez.   Vous vendrez.
Ils concevront.   Ils vendront.

Futur passé.   *Futur passé.*

J'aurai conçu.   J'aurai vendu.
Tu auras conçu.   Tu auras vendu.
Il aura conçu.   Il aura vendu.
Nous aurons conçu.   Nous aurons vendu.
Vous aurez conçu.   Vous aurez vendu.
Ils auront conçu.   Ils auront vendu.

CONDITIONNELS.

Présent.

Je concevrais.
Tu concevrais.
Il concevrait.
Nous concevrions.
Vous concevriez.
Ils concevraient.

Passé.

J'aurais conçu.
Tu aurais conçu.
Il aurait conçu.
Nous aurions conçu.
Vous auriez conçu.
Ils auraient conçu.

On dit aussi : j'eusse conçu, tu eusses conçu, il eût conçu, nous eussions conçu, vous eussiez conçu, ils eussent conçu.

IMPÉRATIF.

Conçois.
Concevons.
Concevez.

SUBJONCTIF.

Présent ou *Futur.*

Que je conçoive.
Que tu conçoives.

CONDITIONNELS.

Présent.

Je vendrais.
Tu vendrais.
Il vendrait.
Nous vendrions.
Vous vendriez.
Ils vendraient.

Passé.

J'aurais vendu.
Tu aurais vendu.
Il aurait vendu.
Nous aurions vendu.
Vous auriez vendu.
Ils auraient vendu.

On dit aussi : j'eusse vendu, tu eusses vendu, il eût vendu, nous eussions vendu, vous eussiez vendu, ils eussent vendu.

IMPÉRATIF.

Vends.
Vendons.
Vendez.

SUBJONCTIF.

Présent ou *Futur.*

Que je vende.
Que tu vendes.

Qu'il conçoive.	Qu'il vende.
Que nous concevions.	Que nous vendions.
Que vous conceviez.	Que vous vendiez.
Qu'ils conçoivent.	Qu'ils vendent.
Imparfait.	*Imparfait.*
Que je conçusse.	Que je vendisse.
Que tu conçusses.	Que tu vendisses.
Qu'il conçût.	Qu'il vendît.
Que nous conçussions.	Que nous vendissions.
Que vous conçussiez.	Que vous vendissiez.
Qu'ils conçussent.	Qu'ils vendissent.
Prétérit.	*Prétérit.*
Que j'aie conçu.	Que j'aie vendu.
Que tu aies conçu.	Que tu aies vendu.
Qu'il ait conçu.	Qu'il ait vendu.
Que nous ayons conçu.	Que nous ayons vendu.
Que vous ayez conçu.	Que vous ayez vendu.
Qu'ils aient conçu.	Qu'ils aient vendu.
Plus-que-parfait.	*Plus-que-parfait.*
Que j'eusse conçu.	Que j'eusse vendu.
Que tu eusses conçu.	Que tu eusses vendu.
Qu'il eût conçu.	Qu'il eût vendu.
Que nous eussions conçu	Que nous eussions vendu
Que vous eussiez conçu.	Que vous eussiez vendu.
Qu'ils eussent conçu.	Qu'ils eussent vendu.

INFINITIF.	INFINITIF.
Présent.	*Présent.*
Concevoir.	Vendre.
Prétérit.	*Prétérit.*
Avoir conçu.	Avoir vendu.

PARTICIPES.	PARTICIPES.
Présent.	*Présent.*
Concevant.	Vendant.
Passé.	*Passé.*
Conçu, conçue, ayant conçu.	Vendu, vendue, ayant vendu.
Futur.	*Futur.*
Devant concevoir.	Devant vendre.

Notre Père qui êtes aux cieux, que votre nom soit sanctifié, que votre règne arrive, que votre volonté soit faite en la terre comme au ciel; donnez-nous aujourd'hui notre pain quotidien, et pardonnez-nous nos offenses comme nous pardonnons à ceux qui nous ont offensés, et ne nous induisez pas en tentation, mais délivrez-nous du mal.

Ainsi soit-il.

Je vous salue, Marie, pleine de grâce, le Seigneur est avec vous, vous êtes bénie entre toutes les femmes, et Jésus, le fruit de vos entrailles, est béni.

Sainte Marie, mère de Dieu, priez pour

nous pauvres pécheurs, maintenant et à l'heure de notre mort. Ainsi soit-il.

Je me suis efforcé de donner un Alphabet court, mais exact, si je l'avais jugé utile pour ma profession, il m'eut été très facile de rassembler une masse de phrases variées; mais désirant m'allier avec l'intérêt des familles je n'ai dû y faire entrer que ce qui pouvait être à la portée d'une mémoire non cultivée, et écarter de mon plan méthodique tous ces *ic, in, an,* où ils piétinent sans cesse, sans savoir ni où ils sont, ni où ils vont.

PLAN TOUT-A-FAIT NOUVEAU

POUR PROCURER LA BELLE EXÉCUTION DE L'ÉCRITURE PAR UN MOUVEMENT PARTICULIER DE LA MAIN,

Inventé par PAILLONCY, instituteur à Thiolières.

Puisqu'on a jusqu'à présent employé beaucoup de travail et d'argent à l'étude de l'art d'écrire, et que les progrès des élèves ne répondent pas aux soins des maîtres les plus distingués, on reconnaîtra l'utilité d'un petit *Abrégé* démontrant les principes dont l'auteur se sert pour former un élève en peu de temps et comme par enchantement. La Méthode détaillée ci-après, sera donc une acquisition indispensable pour les Instituteurs et les pères de famille qui n'ont trouvé, jusqu'à ce jour, qu'un mince avantage dans l'ancien système d'enseignement. Le nombre des élèves qui en ont fait l'expérience, lesquels se sont fait un honneur d'en attester les avantages auprès de M. le Ministre de l'instruction publique, est la meilleure preuve que puisse donner l'auteur, pour faire connaître l'excellence de sa méthode.

PREMIÈRE LEÇON.

L'élève, avant de commencer à écrire, fera des exercices préparatoires sur le tableau noir dans le but de délier les doigts, assouplir les muscles et de donner au mouvement de la hardiesse et du moëlleux, ensuite on fera faire à ce même élève, sur le papier, des obliques de droite à gauche, en forme de *v*, en lui faisant observer que de cette lettre on peut former un grand nombre de lettres de l'alphabet. Par exemple : le même mouvement qui fait former un *v* fera aussi former l'*h*, l'*u*, l'*m*, l'*n*, l'*y*, l'*i*, le *p*; de même qu'un *d* sera formé par le même mouvement qui sert à former le *g*, l'*a* et le *q*.

DEUXIÈME LEÇON.

Dans l'intention d'opérer le mouvement

du bras, si nécessaire pour écrire librement, je trouve utile, dans les commencements, d'attacher les doigts, afin d'empêcher le mouvement des articulations. Je prends un ruban de fil de la longueur de vingt centimètres; je lie les deux premiers doigts et la première phalange du pouce, entre lesquels j'ai fait passer la plume, de sorte que l'élève, pour former ses lettres, est obligé de faire agir le bras. J'attache également, avec un autre ruban, le troisième et quatrième doigt dans la position voulue; je les serre jusqu'à ce qu'ils se tiennent sous la main, et que la surface des ongles puisse glisser sur le papier, ce qu'on obtient en prenant un morceau de ruban, et en attachant le milieu juste entre les ongles et la première articulation des troisième et quatrième doigts, ensuite avec les deux bouts du ruban on amène les doigts sous la main, de manière à pouvoir nouer le ruban autour du poignet. Le principal but que l'on se propose, en attachant les premiers doigts et le pouce, est d'empêcher une trop grande flexibilité. Quand l'élève s'apprend à faire les grands traits et les grands mouvements, chaque mouvement doit être fait séparément et correctement. Si les doigts avaient la liberté d'agir quand l'élève se livre aux grands exercices du bras et de la main, il s'ensuivrait qu'il n'acquerrait pas le mouvement voulu, par la tendance que tout le monde a (surtout ceux qui ont appris d'après l'ancienne méthode) à mouvoir l'articulation du pouce et celle des deux premiers doigts. Ceux qui désirent acquérir une exécution libre doivent faire en sorte d'obtenir les mouvements libres du bras, et de s'asseoir dans une position convenable. Le corps doit être droit; ceux qui tiennent à se pencher (ce que je suis loin d'approuver) doivent se reposer sur le bras gauche et laisser le bras droit libre, afin de le mouvoir à volonté. Ne laissez jamais le bras droit peser sur la table, il doit agir sans cesse. Placez droit devant vous le cahier sur lequel vous avez dessein d'écrire, de sorte qu'il soit dans une direction parallèle au côté latéral du pupitre ou de la table.

TROISIÈME LEÇON.

Quand on a acquis, à un certain degré de perfection, la liberté du mouvement, en formant les caractères de la première leçon représentés par la lettre *v*, il faut faire un exercice particulier sur chaque lettre. Dans aucune ligne on ne doit pas se permettre de quitter la plume en liant les lettres les unes aux autres par le moyen de liaisons, il faut continuer chaque lettre cursive qui suit, en *s*. Dans la colonne des *h*, il sera bon d'observer que ces lettres se lient les unes aux autres sans liaisons bouclées.

Les déliés fins doivent s'opérer du bas de chaque jambage ; tout le bras doit se mouvoir dans une direction arrière par le mouvement des articulations du coude et de l'épaule. On se servira de préférence du mot *philosogrammaphiquement,* lequel est insignifiant dans son étymologie ; j'engage beaucoup à répéter ce mot jusqu'à ce que l'on soit parvenu à imiter le modèle approximativement ; c'est le moyen d'acquérir une belle écriture en peu de temps. Ceci soit dit pour tous les exercices.

Procédez pour les modèles des *y*, des *n*, des *p*, des *u*, des *v*, comme dans la leçon précédente.

QUATRIÈME LEÇON.

Ne serrez pas trop la plume entre les doigts; laissez-la lâche, sans la trop appuyer sur le papier. L'élève doit avoir suffisamment d'encre dans sa plume au commencement de chaque colonne. Si les élèves éprouvent quelque difficulté à tenir la plume jusqu'au bas de la colonne sans la lever, on leur fera prendre une plume sèche, c'est-à-dire sans encre, pour exercer leur bras du haut en bas des colonnes. On pourra aussi leur faire faire d'autres exercices sur le tableau noir; ces exercices leur donneront de l'assurance. Ceux qui trouvent difficile de faire descendre leurs colonnes droites jusqu'au bas du papier, peuvent régler des lignes verticales, à égale distance, jusqu'au bas de la page.

CINQUIÈME LEÇON.

Les *b* et les *s* doivent être liés ensemble; les liaisons doivent être bien dégagées ; ce point est indispensable pour deux raisons : la première, parce que ces lettres se joignent mieux, et la seconde, parce que les caractères ont plus de grâce. Chaque colonne de cette leçon doit être écrite sans lever la plume de dessus le papier.

SIXIÈME LEÇON.

Toutes les lettres formées de l'*o*, telles que l'*a*, le *d*, le *g*, le *q*, demandent une attention particulière pour les faire parfaites. La grande difficulté vient de la forme de l'*o* : en joignant le délié à l'*o*, si la plume va à droite ou à gauche du délié, l'*a* a l'apparence de deux lettres, qui sont *ci*, et le *g* a quelquefois la forme de *ej* ou d'une longue *s*. Que l'élève prenne bien garde, lorsqu'il aura fini le délié en retour pour former l'*o*, de descendre parfaitement bien sur le même trait lorsqu'il écrira les lettres *g*, *q* et *a* de cette leçon. On pourra aussi faire quelques exercices d'*a*, d's, et de *r*, *s*, pour accoutumer l'élève à faire ces lettres au moyen de liaisons bouclées et de jonctions, pour préparer la leçon suivante qui ne traite que des liaisons déliées.

On verra que le système est complètement fondé sur les liaisons des lettres et la jonction des mots. L'élève doit faire des pages d'exercices avant de passer à la leçon suivante. Il faut que l'élève s'exerce beaucoup dans le système pour s'y familiariser; cet exercice, non seulement lui donnera de l'assurance (ce qui est beaucoup pour tout ce que l'on veut apprendre) mais lui fera faire des progrès rapides. Je recommande la même pratique, la même quantité d'exercices pour chaque leçon en particulier.

SEPTIÈME LEÇON.

Le maître doit bien faire attention à ce que la main de l'élève glisse sur la surface des ongles des deux derniers doigts. Pendant tous les exercices, les doigts de l'élève doivent être attachés jusqu'à ce qu'il ait obtenu l'habitude de tenir sa main convenablement et correctement ; sans cette condition personne ne pourra acquérir les vrais principes de l'écriture.

HUITIÈME LEÇON.

Il est d'abord nécessaire d'examiner la différence qui existe entre la forme de l'*x*, suivant ma marche systématique, et celle qu'on lui donne ordinairement ; de cette dernière manière on fait l'*x* qui a la forme de deux *c* retournés et fixés dos à dos. Comme on éprouve toujours quelque difficulté à former x sans lever la plume, vous ferez bien attention que la première partie de x ressemble beaucoup à celle de deux c tournés et fixés dos à dos; cette forme répondra parfaitement au but qu'on se propose dans l'écriture expédiée, on l'obtiendra très facilement sans que la plume quitte le papier, et l'on continuera ainsi d'x en x, par le moyen des déliés, jusqu'à ce que la colonne soit remplie.

NEUVIÈME LEÇON.

La lettre c est tellement simple dans son exécution que je me bornerai à recommander de faire la boucle dégagée.

L'o se forme par deux aspirales, et l's se formera de même que l'o, mais dans un sens contraire, c'est-à-dire tournées dos à dos.

DIXIÈME LEÇON.

Les élèves trouveront tous que l's est difficile à faire sans lever la plume; elle est à peu près aussi facile que toute autre lettre ; si on a le soin de bien retirer la plume en arrondissant vers le bas. Quand l'*s* est faite, retournez de suite par un mouvement rétrograde du bout de l'*s*, de manière à enfiler une ligne sans interruption. Un peu d'habitude rendra bientôt cet exercice facile.

Pour faire le *t*, la plume doit revenir du bas du trait et former un petit trait presque semblable à un *o* vers le milieu ; on continue le délié qui sert à barrer le *t*, et donne la facilité de le joindre à la lettre qui le suit.

Dans l'*u* qui a ordinairement la forme de deux *i*, le délié du bas remonte au plein du haut, comme dans l'*o*, mais le haut n'est pas arrondi.

ONZIÈME LEÇON.

L'élève qui a pris une mauvaise manière de s'asseoir, fera bien d'avoir un cordon autour du dossier de la chaise sur laquelle il s'assied, de le faire passer autour du corps et de l'attacher ensuite au front : ceci le retiendra quand il aura des dispositions à se coucher sur son cahier. On doit toujours prendre cette précaution quand les enfants commencent à apprendre l'écriture, et en les maintenant dans cette position elle deviendra, par la suite, une habitude naturelle.

DOUZIÈME LEÇON.

Quelques-uns tiennent la main droite tellement de côté, qu'elle touche entièrement au papier, et alors la plume est si fort renversée, qu'on ne peut écrire qu'avec le côté droit du tuyau ; la pointe de la plume doit se diriger vers l'épaule, et pour la tenir ainsi, il faut qu'elle soit placée entre la seconde et la troisième articulation du premier doigt ; que la plume repose également sur le côté droit de la fente, et que le délié soit relevé du côté droit du bec de la plume. Ceux qui trouvent difficile de diriger la plume vers l'épaule peuvent prendre une petite baguette d'un mètre de long, la fixer dans le tube d'une plume, et la tenir de manière que le bout de la baguette reste sur l'épaule. Si l'on trouve quelque difficulté à faire rester le bout de la baguette sur l'épaule, on coudra à l'habit une patte qui puisse la maintenir ; on peut faire cette patte en ganse large ou avec du papier remplié qu'on attache avec une forte épingle, ce qui est plus prompt.

TREIZIÈME LEÇON.

Manière de préparer le papier à calquer.

Prenez une feuille de papier fin, frottez-la bien des deux côtés avec un petit pinceau trempé d'huile, prenez un morceau de linge blanc et frottez la feuille jusqu'à ce qu'elle soit bien sèche ; ensuite tenez-la devant le feu pendant quelques minutes, et alors vous pourrez vous en servir. Placez ensuite la feuille préparée sur le modèle que vous voudrez copier, et vous verrez parfaitement l'écriture au travers ; de cette manière on peut copier et imiter toute forme d'écriture.

Si j'ai pris la liberté de m'écarter de la route tracée par nos anciens maîtres, j'espère qu'on me le pardonnera quand on saura que mes raisons ne sont pas le simple effet d'un caprice, mais que j'ai eu pour but le désir d'être utile à la société. Peut-être sera-t-il bon ici de remarquer que les principes développés dans cet ouvrage sont le résultat de plusieurs années de travail, et le fruit d'une longue expérience.

Si je n'avais pu faire que des commentaires sur les principes ordinaires de l'écriture que l'on enseigne dans les pensions, et par lesquels l'écolier, après un travail de plusieurs années, n'a qu'une écriture maigre et sans hardiesse, je me serais abstenu de présenter mes observations au public;

je me serais contenté de suivre, dans une humble obscurité, le sentier battu de l'instruction, et de remplir, en suivant les méthodes ordinaires et employées par mes collègues, les devoirs d'un instituteur, avec goût et persévérance; mais ayant été amené durant le cours de mes travaux scolastiques à inventer une Méthode qui facilite, d'une manière incroyable, l'étude de la lecture et l'art d'écrire, et qui donne aux plus jeunes écoliers une écriture hardie et rapide, qui eût été autrefois considérée comme le résultat de plusieurs années de travail, j'espère que mon appel au public sera entendu; il a pour but de faire connaître aux élèves la route qu'ils ont à suivre, et d'inspirer un noble enthousiasme pour la propagation d'un système qui a déjà produit un bien général et inappréciable.

En s'efforçant d'éclaircir un sujet aussi peu connu et aussi négligé par les savants et les gens de goût que l'est celui de l'écriture, l'auteur, qui croit réclamer dans ce moment l'indulgence du public, pense que ses défauts seront excusés quand on fera attention à la situation peu favorable dans laquelle il se trouve placé. L'art qu'il s'occupe à perfectionner n'a jamais été réduit en système régulier. Les dispositions qu'après de mûres réflexions l'auteur a adoptées à ce sujet, diffèrent beaucoup des vieilles méthodes établies au préjudice du public : il lui a donc été impossible de tirer que de très faibles secours des travaux de ses devanciers, et il est obligé d'être en contradiction avec les préjugés de plusieurs de ses auditeurs.

Il ose espérer qu'on aura beaucoup d'égard et d'indulgence pour des fautes qui se glissent naturellement dans l'explication d'un nouveau sujet, et pour ces difficultés qui accompagnent l'exposition de toute vérité qui peut être en contradiction avec les vieilles idées ou les anciennes coutumes des hommes.

Livré pendant long-temps à l'enseignement d'un grand nombre d'élèves qui se recommandent tous par leurs talents, et ayant eu pendant ces fréquentes occasions le temps de me convaincre du succès que mérite ma Méthode d'enseigner, je n'aurais senti qu'imparfaitement ce louable enthousiasme que tout homme doit éprouver pour l'agrandissement d'une science qu'il a contribué à étendre et à perfectionner, j'aurais manqué également à cette commune obligation du plus humble individu envers le public, quand ses travaux peuvent le conduire à augmenter le bonheur ou les jouissances du genre humain; j'aurais manqué enfin au zèle et à la reconnaissance que nous devons aux générosités de notre jeune République qui a daigné visiter l'instituteur dans sa chétive existence et lui assurer un sort plus heureux à l'avenir, si j'étais resté inactif et indifférent, pour jouir dans une égoïste tranquillité des fruits de mon travail.

Dévoué à l'honneur et aux progrès de l'art dont je me suis tant occupé, voulant témoigner ma reconnaissance à la République, et lui montrer mon zèle pour l'instruction, j'ai entrepris une tâche au-dessus de mes forces, puisse son exécution ne malverser de blâme sur aucun de mes collègues, mais seulement se rattacher aux anciennes méthodes.

FIN.

AMBERT, IMPRIM. DE PÉRISSEL-BASSE.

www.ingramcontent.com/pod-product-compliance
Lightning Source LLC
Chambersburg PA
CBHW060939050426
42453CB00009B/1095